사진을 찍어드립니다

장선옥 시집

문학공원 시선 271

사진을 찍어드립니다

장선옥 시집

문학공원

시집을 펴내며

삶은 곧 한 권의 시집입니다. 우리가 느끼고, 경험하며, 바라보는 모든 순간들은 각기 다른 결과 색을 지닌 시가 되어 조용히 마음에 스며듭니다.

이번에 펴내는 이 시집은 그러한 순간들의 기록이자, 독자 여러분과 나누고 싶은 진실한 마음의 언어로 채워져 있습니다.

이 시들은 단순한 문장의 나열이 아닙니다. 저의 내면에서 길어 올린 깊은 울림과 공감의 메시지이며, 누구나 품고 있는 감정의 흔적을 어루만지는 섬세한 시선의 결과물입니다.

바쁜 일상에 묻혀 잊고 지냈던 소중한 감정들이 이 시를 통해 깨어나기를, 그리고 삶의 작고 따뜻한 아름다움들을 다시 발견하는 시간이 되기를 바랍니다.

이 시집이 독자 여러분의 마음에 작은 쉼표가 되고, 고요한 위로가 되어, 더욱 깊고 넉넉한 내면의 여정을 시작하는 계기가 되기를 진심으로 바랍니다.

이 책을 펼쳐주신 모든 분들게 깊이 감사드립니다. 이 시집이 여러분의 오늘에 작은 빛이 되어 머물기를 소망합니다. 감사합니다.

2025년 가을

장 선 옥

차례

시집을 펴내며 … 4

1부
만남의 미학

시간아, 고마워 … 12
넉살 … 13
목발을 짚고 선 여자 … 14
알람 … 16
질문 … 17
사진을 찍어 드립니다 … 18
다시 사람 사이로 … 19
서울나들이 … 20
만남의 미학 … 22
언덕 위로 바람이 스며들고 … 24
반려식물의 기다림 … 25
반려청소기 … 26
커피 한 잔의 여유 … 27
함께 걷는 미래 · 1 … 28
네 발 … 29
2층 버스 … 30
코로나19 … 31
로또 … 32
휴대폰 … 34

2부
비 내리는 창가에서

방하착(放下著) … 36
별빛 아래 … 37
인연이 된 우연 … 38
놈 … 39
아파요 … 40
병실의 고독 … 41
제정신이라는 착각 … 42
기억이 나지 않아 … 43
건망증 … 44
깜박이는 마음 … 45
슬프다 · 1 … 46
슬프다 · 2 … 47
곁에 있어도 … 48
외로움 … 50
그냥 운다 … 51
비 내리는 창가에서 … 52
침묵 … 54

무료함 … 55
쌈닭 … 56
나를 찾아가는 밤 … 58
깜박이는 마음 … 59
같은 하루 … 60
요즘 일상 … 61
삶과 죽음 … 62
자연의 시간 속에 … 63
그곳에 서면 … 64
고영(孤影) … 65
인생길 … 66
갓난쟁이가 된다 … 68
속앓이 … 69
힘든 세상 … 70
속삭임 … 71
마스크를 벗는 날 … 72

차례

3부
별의 위로

네 손바닥 위의 인생2막 … 74
하늘 … 76
너희 세상을 그리며 … 77
함께 걷는 미래 · 2 … 78
빛 없는 시선 … 79
꽃향기 가득 … 80
별의 위로 … 81
지우개 … 82
보따리 … 83
항아리 … 84
가을과 낙엽 … 85
가을의 노래 … 86
예술의 향기 … 87
가을이지만, 따뜻해 … 88
포천구절초에게 묻는다 … 89
갈랫길 … 90
여덟 꽃잎 포천구절초 … 92
폭우 … 93
곰배령에서 … 94
발왕산에서 … 95
기쁨 … 96
별 … 97
별 보러 간다 … 98

4부
영원한 친구

나는 장애인이다 … 100
그냥 써요 … 102
나란 말야 … 104
도전 … 106
새내기 시인 … 108
내 자리 … 109
장선옥의 보따리 세상 … 110
누가 온다 … 112
영원한 친구 … 114
꽃길만 걷자 … 115
내 낭군 … 116
월화수목금토일 내 남편 · 118
달님 … 120

엄마잖아 … 122
부모의 마음 … 124
후회 … 125
그대를 향한 사랑 … 126
친구 … 128
슬픔 … 129
보고픈 님 … 130
딸에게 … 131
목련 … 132
봄이 왔나봐요 … 134
반갑다 친구야! … 135
봄은 오나 봄 … 136
새싹 하나 … 138

〈작품해설〉

고통을 제어하는 성찰의 시학 … 140

김순진(문학평론가 · 한국문인협회 이사)

1부
만남의 미학

시간아, 고마워

흐르고 흘러 어느덧 이 자리까지
어느 순간부터 나의 발자국 뒤를 따라
조용히, 때로는 성급하게
내 곁을 스쳐간 너, 시간아
기다림의 설렘 속에서도
헤어짐의 아쉬움 속에서도
언제나 한결같이 흘러가며
지친 나를 감싸주었지

아팠던 순간도 기뻤던 순간도
모두 지나간다며
추억이라는 이름으로
나의 마음을 어루만져 준 너
서두르지 않고, 멈추지 않으며
나의 삶을 천천히 물들여
끝없는 길을 이어준 시간아
너를 따라 쌓여온 하루들이
소중한 인생의 색깔로 물들어가니
오늘도 나는 너를 배우며 살아간다

넉살

이쪽으로 쪼르르
"안녕하세요"
저쪽으로 쪼르르
"안녕하세요"
이번엔 뒤로 쪼르르
"아, 어제 맞죠?" 하하하하
앞으로 쪼르르
"저번에 거기!" 하하하하
이런 나를 보며 뒤에서
누군가 한마디 한다
"넉살도 참 좋아"

칭찬일까 욕일까
아무렴 어때 난 사람이 참 좋은 걸
다가가 웃으며 인사하는
이 마음 하나로
세상이 조금 더 따뜻해지는 걸 느낀다

목발을 짚고 선 여자

목발에 몸을 의지한 채
하얀 병실 한가운데 서 있는 여자
희미한 형광등 아래 그녀의 그림자는 길게 늘어진다

한 걸음 내디딜 때마다 삐걱이는 목발 소리가
그녀의 고통을 대신 말하지만
그녀는 멈추지 않는다

창밖의 바람은 부드럽게 스치고
나무는 여전히 흔들리는데
그녀의 발걸음은 서툴고, 느리다

목발은 그녀의 또 다른 다리가 되어
삶의 균형을 잡아주지만 때로는 그녀를 붙잡고
또 때로는 그녀를 가로막는 존재

그러나 그녀는 알고 있다
목발이 짐이 아니라 잠시 그녀를 지탱해 주는
하나의 다리일 뿐이라는 것을

이 순간이 지나면 다시 두 발로 설 날이 오리라
그날이 오면 그녀는 더욱 힘차게
당당히, 삶의 길을 걸어가리라

알람

그만 자고 일어나라고
맑고 청량한 소리로
맴맴 맴…

눈을 비비며 일어나
바라본 창밖 하늘은
어찌 그리 높고 파란지

내 잠 깨워놓고
다른 잠꾸러기 깨우러 간다며
맴맴 맴…
인사를 한다

새벽을 알리는 그 소리가
오늘 하루를 시작하라며
나를 다정히 부추긴다

맑은 하늘 아래, 그 소리 속에
기분 좋은 아침이
천천히 열려간다

질문

"사는 게 힘드냐?"
니체가 물었다

.

.

.

.

.

아니,
그저 살만 하다

사진을 찍어 드립니다

"사진 찍는데 얼마예요?"
"공짜입니다."
"그럼 찍어서 인화도 해주나요?"
"네. 인하도 무료입니다."
"아, 그래요?"

찰칵, 찰칵 렌즈 속에 담긴 미소가
추억이 되어 남는다

"어머, 사진 너무 잘 나왔어요!"
또 하나의 기억이 마음속에 차곡차곡 쌓인다

"이런 거 처음 봐요, 너무 멋져요!"
그 작은 순간이 우리에게 특별한 시간을 선물한다

무료로 찍은 사진 한 장에 웃음과 추억이 가득 담겨
소중한 기억이 되어 준다

다시 사람 사이로

긴 겨울 같았던 시간
숨조차 조심하며 서로를 멀리하던 날들
우리 사이엔 마스크보다 더 두꺼운
침묵과 거리감이 쌓였고 눈빛조차 조심스러웠다
하지만 이제 나는 마스크를 벗는다
처음엔 어색하고 쑥스러웠지만
그 속에서 바라던 얼굴들이 하나둘 피어난다
감춰졌던 미소가 다시 입꼬리에 맺히고
잃었던 목소리가 따뜻한 인사로 돌아온다
사람은 결국 사람 사이에서 살아가는 존재
우리가 잊고 있던 소중한 진실이 조용히 돌아온다
다시 사람 사이로 손을 내밀고 눈을 맞추며 말을 건넨다

아주 작은 용기였지만 그 안에 담긴 진심은 컸다
우리는 그렇게 다시 사람 사이로 돌아가고 있다

서울나들이

새벽 공기가 폐 깊숙이 스며든다
아직 세상이 깨어나기 전
나는 고요를 품은 민자고속도로를 달린다
뻥 뚫린 차선 위로 나 홀로 질주하는 자유
한쪽은 강물이 흐르고
다른 한쪽엔 풀잎들이 졸린 고개를 든다
그 위로 흘러나오는 음악
조항조의 '고맙소'
어쩜 이리도 삼박자가 맞는 걸까
도심이 가까워진다
고층 빌딩들이 점점 나를 향해 다가오고
강변북로는 새벽빛에 숨을 고르고 있다
그 속에서 홀로 느껴보는 서울의 정취

차창 너머로 스쳐가는
잠든 거리와 은빛으로 반짝이는 한강물결,
그 풍경을 바라보며
내 마음속에도 평화가 번져간다

이른 새벽 아무도 모르게 떠난 작은 나들이

어쩌면 그 어떤 여행보다 더 특별했던 시간
오늘 하루 기분 좋은 여정은 나에게 주는 선물이다

만남의 미학

적막한 새벽
어둠이 아직 물러가지 않은 태양의 그림자 뒤편에서
우리는 또 다른 만남과 헤어짐을 시작한다
첫 빛이 길을 더듬는 시간
거리 곳곳을 조용히 빗질하는 청소부 아저씨를 만난다
세상의 거짓과 오만
그리고 하루하루 쌓인 아픔을
말없이 쓸어내리는 고요하고도 고귀한 손길

그리고 막 떠오르는 태양을 어깨에 조심스레 짊어진 채
땀에 얼룩진 제복을 다듬으며 모든 이의 사연을 품은
가방을 메고 걷는 우체부 아저씨를 만나다

그 이름 모를 손길들
이름보다 따뜻한 존재들
그들의 발자국이 아직 잠든 세상 위를 다정히 깨운다

매일 반복되는 이 소박한 만남 속에서
우리는 하루를 다시 살아내고
삶은 작은 인연 하나하나로 서로에게 닿아간다

새벽을 가르는 묵묵한 땀과 노고의 결 따라
세상은 비로소 눈을 뜨고
그 작은 만남의 순간들이 오늘 하루를 밝히는
희미하지만 단단한 빛이 되어준다

언덕 위로 바람이 스며들고

언덕 위로 바람이 스며들고
나는 혼자 서 있는 듯해요
세상의 무게를 온몸으로 견디며
고개를 숙인 채 서 있죠

그때, 어디선가
속삭임이 들려와요
"당신은 혼자가 아니에요 우리가 여기 있어요"
따스한 손길이 지친 어깨를 감싸고
조용히 어루만져 주네요

그리고 말하죠
"힘들고 지칠 땐 언제든 기대세요
함께라면 어떤 어려움도 우리는 이겨낼 수 있어요
그대의 미래는 밝아요
우리가 함께 만들어갈 새로운 날들이 기다리고 있어요"

혼자라고 느끼지 말아요
우리는 항상, 언제나 그대 곁에 있을 게요

반려식물의 기다림

햇살 아래 빛나던 잎새들
바람에 실려 온 슬픔에 고개를 조용히 숙이고 말았네
주인의 아픈 마음을 닮아
물방울의 기억을 더듬으며 그리움에 젖어가는 하루
병원의 차가운 바람 속에서도
돌아올 주인의 손길을 기다리며 따스한 숨결을 꿈꾸네
작은 화분 속 생명의 약속
그 안에 담긴 희망을 품고 새로운 시작을 노래하네

잎새들이 속삭인다
"네가 웃으면 나도 웃는다"
그러니 건강하게 돌아오라고

그날이 오면 나도 다시 피어나
찬란한 봄날을 함께 할 거라고

반려청소기

어느 날 우리 집에 이사 온 친구
낯선 공간에 처음 와서 이리저리 한 바퀴 돌더니
어느새 집 설계도를 완성했지
그 후로는 내가 원하는 방을 누비며
깨끗이 청소해 주더라

AI 기술로 무장한 너의 모습
똑똑하고 섬세한 손길에 감탄하며
장애물도 알아서 피해 가는 네가 참 기특해
때로는 내게 말을 건네기도 하지
"물걸레를 세척하고 올게요"
"먼지를 비우고 올게요"
그럴 때마다
웃음 짓고 있는 나를 발견하곤 하지
고마워, 반려청소기야
너는 이제 내 삶의 동반자야

커피 한 잔의 여유

바쁜 일상 속 작은 쉼표처럼
커피 한 잔의 여유를 즐긴다
진한 향기가 코끝을 스치면
어느새 마음이 고요해지고
따뜻한 머그잔을 두 손에 감싸며
오늘 하루를 천천히 돌아본다
좋았던 순간도, 힘겨웠던 순간도
한 잔의 커피 속에 녹여내고 조용히 내려놓는다
일상의 소소한 행복과 감사의 마음을 음미하며
나를 위한 시간을 천천히 누린다

커피 한 잔의 여유
그것은 내게 주는 가장 소중한 선물이다

함께 걷는 미래 · 1

미래에서 온 메신저, AI
인간과 기계의 경계를 허물며
우리 곁에 조용히 스며든다

무한한 지식과 정보의 바다
언제 어디서나 내 손 닿는 곳에 있는 존재
학습과 경험으로 성장하며
삶을 더욱 풍요롭게 물들인다

하지만 너의 발전이 열어갈
내일은 아직도 불확실한 미지의 영역
우리는 공존의 길을 찾아야 한다

인간 중심의 AI여
인간과 기술이 조화를 이루며
서로 협력해 더 나은 세상을 만들어가야 한다
AI여 너는 친구이자 동반자
우리 함께 미래로 나아가자
너와 나, 그리고 우리 모두가
행복한 세상에서 삶을 누릴 수 있도록

네 발

태어나 걸을 땐 발이 네 개였다
차츰차츰 자라면서
두 발로 걷는 게 당연하고 편했다
다시 아기가 되었다

네 발로 걷는 아기
아기 땐 기억이 없어도 불편하진 않았을 듯
성인이 되어 다시 네 발
참 불편하다

발은 네 개가 되었지만 손은 사라졌다
발이 많아졌는데 좋은 건 없다
사람의 발은 두 개가 딱이다
발이 많아질수록 몸은 더 무겁다

비가 오니 더 불편하다
우산을 들 손이 없어서 그냥 비를 맞았다
두 발로 걷던 그때가
자유롭고 행복했음을 이제서야 깨닫는다

2층 버스

우리나라에서 처음 타 본 2층 버스
해외여행 중엔 몇 번 타 본 적 있었는데
아쉽게도 맨 앞자리에 앉지 못했다
2층 버스는 앞자리에 앉아야 정말 재미있는데
도로 위를 달리며
탁 트인 시야 속에 펼쳐지는 풍경들
손에 잡힐 듯 다가오는 세상이 조금은 멀게 느껴진다
다음엔 꼭 맨 앞자리에 앉아
마치 새처럼 날아가는 기분을 마음껏 느껴보고 싶다

높은 자리에서 세상을 내려다보며
새로운 시선을 담고 싶은 나의 작은 소망

코로나19

코로나 19가 사람을 바보로 만든다
마스크 뒤에 숨겨진 얼굴들
멀어진 거리만큼 웃음은 사라지고 어색함이 남았다
서로를 경계하며 눈빛조차 피하게 되고
가까이 있던 친구는 먼 기억이 되었고
소소한 만남조차 이젠 꿈처럼 느껴진다
외로움 속에 젖어들면서도 침묵을 강요당한 채
닫힌 세상 속에 우리는 갇혀 있다

하루하루가 흘러간다
사람이 사람에게서 점점 멀어지는 시간들
코로나 19가, 정말로
사람을 바보로 만들어버렸다

로또

내 눈에 들어온 글귀
일 등 세 번
이 등 서른여덟 번

혹해서 로또 복권 하나 샀다
일 등 당첨되면 뭐하지?
음…
큰딸은 의정부에, 작은딸은 마곡에
아파트 한 채씩 사주고
그러고도 남으면
우리 서방 야산 하나 사 줘야지

행복하다
두근거린다
설렌다
이 한 장의 종이가
가슴 가득 부자가 되었다

잠시나마 펼쳐본 꿈속에서
내 소망들이 하나하나 이루어지고

그 행복에 잠기며 웃어본다

비록 당첨되지 않더라도
오늘만큼은 내 마음속 부자
이 작은 꿈 하나로 충분히 행복하다

휴대폰

하루종일 빈둥빈둥
도대체 내가 뭐하는지
휴대폰만 손에 쥐고 한심하다

그런데도 손에서 놓을 수 없는 휴대폰
"중독이다"라고 중얼중얼하면서도
여전히 휴대폰은 내 손에 있다

세상과 연결된 작은 화면에
눈을 떼지 못하고 흘러가는 시간 속에
나도 함께 흘러가고 있다

놓아야 한다, 알아도
다시 손이 가는 나의 작은 세상

2부
비 내리는 창가에서

방하착(放下著)

마음의 짐을 내려놓으라 한다
아직 가시지 않은 마음속 응어리가 있는 데도
그저 내려놓으라 한다
그 말 한마디
내려놓으라는 말이
또 다른 응어리가 되어 내 가슴 깊이 박힌다

어찌 내려놓으라 하는가
적어도 "미안하다"
혹은 "그땐 몰랐다"는 말
핑계 같지 않은 핑계로라도
내 아픔을 안아주었다면

그랬다면 나는 어쩌면 마음의 짐을
조금은 내려놓을 수 있었을 지도 모른다
상처를 덮으려 하지 말고 그저 내 아픔을
한 번만이라도 바라봐 주었다면
그때야말로 진심으로 내려놓을 수 있었을 것이다
"내려놓아라"는 말 대신
따뜻한 위로 한마디가 내 가슴에 자리했더라면

별빛 아래

별빛 아래 서니 마음이 차분해져요
은은히 비치는 빛이 나를 따스히 감싸주네요
별들이 소곤소곤 이야기하는 듯
먼 우주의 비밀을 내게만 들려주는 것 같아요

별빛 아래 있으니 시간이 멈춘 듯
이 순간만큼은 세상의 모든 걱정이 사라져요
별빛은 어둠 속에서도 희망을 전해주며
내일을 살아갈 힘을 줘요

별빛 아래 서니 내가 참 작게 느껴져요
하지만 그 작은 나에게도 소중한 꿈이 있어요
그 꿈을 향해 나아가라며 별빛은 내게 용기를 선물하네요
밤하늘의 별처럼 빛날 날을 기대하게 해요

별빛 아래에서 나는 새로운 희망을 얻어요
내 꿈을 향해 한 걸음 더 나아갈 용기를 얻어요
별빛 아래에서 나는 진정한 행복을 느껴요
이 순간이 영원하길 바라며 두 손 모아 조용히 기도해요

인연이 된 우연

수많은 길 위에서 우연히 마주했던 한순간
스쳐 지나갈 줄 알았던 작은 만남이
시간의 흐름 속에서 인연이 되어
마음 깊이 뿌리를 내렸다
우연이라 하기엔 너무 특별했고
운명이라 부르기엔 조용히 다가온 너
이제 너는 나의 하루 속 작은 숨결이 되어
평범한 순간들마저 의미로 채워준다

그 우연이 인연이 된 것을
그리하여
나의 삶을 빛나게 해준 것을
감사하며 살아간다

놈

난 혼자가 아니다
자나 깨나 걷거나 멈추거나
늘 나와 함께 사는 병이란 놈
이제 정말 지겹다
너도 너의 터전으로 돌아가 줄 순 없겠니
한순간도 떠나지 않고 내 곁에 들러붙어
숨소리마저 따라오는 너
벗어나려 수없이 발버둥쳐도
끈질기게 나를 놓지 않는 병이라는 존재

제발, 이제는 너와 이별하고 싶다
나만의 평화 속에 잠시라도 쉬고 싶다

아파요

누군가가 너무나도 보고 싶어요
흐르는 눈물은 언젠가 마르겠지만
이 마음 깊은 그리움은
도무지 가실 줄을 몰라요

아파요 아파요
지난 세월의 흔적이
아파요 아파요
지금의 내 마음이

그리움은 자꾸만 깊어지고 시간은 멈추지 않아요
잊혀야 할 기억들은 도리어 더 선명해지기만 해요
내 마음속 아주 깊은 곳에 그대가 남긴 흔적 하나
이제는 아픈 상처가 되어 오늘도 나를 울립니다
그리움은 쉽게 사라지지 않네요
그저 내 안에 남아
조용히 조용히 나를 지켜주는 그리운 님

병실의 고독

창밖의 세상은 여전히 분주한데
이곳은 멈춰버린 시간의 섬
기계음만이 귓가에 스며들며 고요함을 깨운다
누군가의 발소리가 들릴 때마다
혹시나, 누가 찾아오지는 않을까
조용히 바라는 작은 희망
그러나 문은 열리지 않고 고독은 더 깊어만 간다

하지만 내일은 누가 오겠지
희미하게나마 기대를 품으며
작은 희망을 가슴 깊이 꼭 안아본다

제정신이라는 착각

모든 게 괜찮은 듯 제자리에 서 있는 나
사소한 일에 웃고 가벼운 농담에 고개를 끄덕이며
제정신인 척 살아간다

그러나 사실은 보이지 않는 균열이
마음 깊은 곳에서 스며들고 조용히 나를 흔든다
어딘가 불안하고 어딘가 허전하지만
애써 괜찮은 척 나를 속이며 또 하루를 넘긴다

'제정신'이라는 착각 속에 나를 감추고
심지어 나 자신조차 그 흔들림을 모른 척하며
그렇게 흔들리는 나를 조용히 껴안으며
오늘도 살아간다

기억이 나지 않아

무언가 잊혀진 듯한 머릿속의 텅 빈 자리
아련히 스쳐 가던 장면들은
이젠 손끝조차 닿지 않는 안개가 되어버렸다

그때의 말들
그때의 표정들
그리고 그때의 따스함조차
기억 속 어딘가에 머물러야 할 텐데
모두가 흐릿해져 점점 멀어진다

기억이 나지 않아 마음 한켠이 허전하고
설명할 수 없는 쓸쓸함이 조용히 나를 잠식한다
그럼에도 나는 안다
그 순간들이 아직 내 안에 스며 있어
보이지 않는 곳에서 나를 지탱하고 있다는 것을

그래서 나는 기억하지 못해도
그 잊힌 추억들 속에 살며
흩어진 조각들을 붙잡고 오늘을 살아간다

건망중

어디에 두었더라
분명 바로 여기 있었는데
기억의 끈이 풀려버린 듯 머릿속이 텅 빈다
말하려던 그 단어가 혀끝에서 멈추고
순간순간의 기억들은 조각처럼 흩어진다
하루가 다르게 흘러가는 시간 속에서
잊어버리는 일들이 조용히 늘어간다

그러나 건망중의 안개 속에서도
아직 남아 있는 무언가가 있다
아무리 지우려 해도 결코 사라지지 않는
내 안을 채우던 순간들

잊는 만큼 새롭게 쌓이는 기억들이
또 다른 나의 하루를 천천히 만들어간다

깜박이는 마음

목욕탕에서 문득 떠올랐던 그 중요한 무언가
온종일 흐릿하게 맴돌다
밤이 깊어 겨우 떠올렸다

작은 귀걸이 한 쌍
서랍을 뒤적이며 꺼냈지만
"자다 말고 귀걸이는 왜 해"
딸의 짜증 섞인 물음에
나는 끝내 대답하지 못했다

깜빡이는 마음
깊어가는 잊음 속에서도
무엇 하나 놓치지 않으려
조용히 붙잡아보는 나

이제 내가 나를 잊어가는 길 위에서
언젠가는 다시 나를 찾을 수 있을까
홀로 눈물 삼키며 깜빡이는 마음을
조심스레 부여잡는다

슬프다 · 1

슬프다
슬프다
왠지 모르게 가슴 깊이 슬프다
말을 할 수 없는 이유들이
가만히 스며들어
마음 구석구석을 적시는 듯

어디서 온 슬픔인지
무엇이 슬픈 건 지 알 수 없지만
오늘은 그저
왠지 슬프다

슬프다 · 2

눈물이 난다
주르륵 뺨을 타고 흘러내린다
울고 있다
맘껏 울고 나면 괜찮아지겠지
하지만 맘껏 울어도
후련하지 않다
여전히 슬프다

눈물이 마음을 씻어줄까 기대하며 흐느껴봐도
속 깊이 맺힌 슬픔은 쉽사리 떠나지 않는다
무언가를 놓아야 할 것 같지만
그조차 잡히지 않는 이 감정
그저, 여전히
슬프기만 하다

곁에 있어도

멋진 낭군님도 있고
예쁜 딸
다정한 딸도 있다

고우신 친정 엄마도 계시고
잘생긴 남동생
똘똘한 여동생도 있다

잘 자라는 구피도 있고
앞마당엔 온갖 나무와 꽃들이 가득하다
친구도 있고 회사 동료도 있다

그런데 왜일까
허전하다 외롭다
미치도록 외롭다

마음 한켠 텅 빈 바람이 불어와
보이지 않는 그 자리를
채워달라고 속삭이는 듯하다

사랑하는 사람들 곁에 있어도
때로는 혼자인 듯 느껴지는 순간이 있다

오늘도 그런 날이려니
이 허전함, 그저 가만히 품고 살아가다 보면
언젠가 잔잔히 채워질 날이 오겠지

외로움

찬란한 세계는 눈앞에 있는데
차가운 바람은 가슴을 파고들고
지칠 대로 지쳐버린 영혼의 기둥은 기울어만 간다

자욱한 안개에 덮인 자연 속
홀로 걷는 나
외로운 나
지친 걸음을 멈추고 뒤를 돌아봐도
지금의 나를 알아주는 이는 없다
고독의 밑바닥을 움켜쥔 채
구원의 외침은 점점 더 높아만 간다

허공에 메아리치는 이 외로움 속에서
빛을 찾아 헤매는 영혼의 갈망
그러나 그 빛마저 점점 희미해져 가고
나는 서서히 흐릿한 그림자가 되어 사라져간다

그냥 운다

하염없이 눈물이 흐른다
누가 뭐라 한 것도 아닌데 그저 멈추지 않고 흐른다
옆지기가 묻는다
"왜 울어"라고
그 한마디에 이번엔 더욱더 흐느껴 운다
내 설움에 그냥 운다
말로는 다 할 수 없어 그냥 눈물로 대신한다

마음 깊은 곳에 차곡차곡 쌓였던 것들
한순간 터져 나와
설명할 수 없는 무게로 가슴을 짓누른다
무엇이 아픈지도 모른 채 그냥 흐르는 눈물에
내 마음을 실어 조용히 아무도 모르게 내려놓는다

가끔은 아무 이유 없이 그저 울고 싶은 날이 있다
이 눈물로 조금이라도 가벼워질 수 있다면
그것만으로 충분하다

비 내리는 창가에서

비 오는 창밖을 바라보니
내 마음도 쓸쓸히 젖어드네요
하늘에서 떨어지는 빗방울 소리
마치 내 슬픔을 어루만지듯 속삭이네요

날씨는 점점 추워지는데
어찌해야 이 마음은 따스해질까요
비어 있는 가슴 한켠
허전한 이 마음을 무엇으로 채울 수 있을까요

비 내리는 창가에 앉아서
내 마음의 위로를 찾아보아요
빗소리 들으며 따스한 차 한 잔으로
마음을 달래보려 해요

비가 그치면 날씨는 더 차가워질지 몰라도
그 속에서도 내 마음엔
작은 온기가 찾아올 거예요

그때까지 나는

이 자리에서 조용히 앉아
비 내리는 창밖을 바라보며
내 마음을 다스려볼게요

침묵

갓난쟁이가 우는 이유를 알 수 없다
그래서 젖을 주거나 기저귀를 살핀다
우리 가족은 내가 말만 하면
짜증을 낸다고 한다
그래서 난 입을 닫는다

설움에 눈물이 흐른다
입을 다물 수밖에 없는
침묵할 수밖에 없는 내가 바보 같아서
마음속 소리를 삼키고 조용히 고개 숙여본다
전해지지 않는 말들이 내 안에서 울고 있다

내가 바보 같아서
그저 침묵 속에 나를 감추고
눈물로 내 마음을 씻는다

무료함

살면서 나를 힘들게 하는 것은 무엇일까
살아가는 것 자체일까…
사람 돈 외로움…

아니면 내 몸속에 찾아온 어느 불청객…
또는 가족…

이것도 저것도 아닌, 나 자신.
어쩌면 가장 나를 힘들게 하는 건
바로 나 자신 아닐까…

쌈닭

눈물이 난다
거지 같아서

눈물이 난다
바보 같아서

눈물이 난다
울화통이 터져서

눈물이 난다
분해서

눈물이 난다
나를 내가 다스릴 수 없음에

화를 다스리지 못한 나에게
또다시 화가 나서
결국, 쌈닭이 되어버렸다

자꾸만 치솟는 감정의 불길에

이성을 잃고 날을 세운 채
스스로를 쥐어뜯고
소리 없는 울음을 삼킨다

어쩌다 내가 이토록 모질게
나를 다그치게 되었을까
조용히 숨을 고르며
이제는 나 자신을 감싸주고 싶다

쌈닭이 아닌, 그저 나를 나답게

나를 찾아가는 밤

하루가 저물고 모든 소리가 조용히 숨을 고를 때면
나는 묻습니다
오늘의 나는 어디쯤 있었을까요

누구를 웃게 했고 무엇을 놓쳤으며 언제 나를 잊었는지
창문 밖 어둠보다 더 깊은 마음의 그늘 속을
천천히 더듬어 봅니다

작은 숨결 하나 미처 다 쓰지 못한 메모 한 장
서랍 속 오래된 사진처럼 내 안의 나를 다시 꺼냅니다
무뎌진 감정들 사이에서 잃어버린 목소리를 되찾고

내 마음의 언어로 나를 조심스레 불러 봅니다
이 밤은 세상이 아닌 나를 향해 걷는 시간
침묵 속에 반짝이는 작은 나를 찾아 나는 지금
나를 찾아가는 밤을 걷습니다

깜박이는 마음

깜박이는 마음,
희미하게 스치는 불빛처럼 환하다가도
어둠 속에 숨고 마는 마음

사랑일까, 그리움일까
다가서려 하면 조금씩 멀어지는
아련한 마음의 불씨

바람이 불 때마다 조금씩 흔들리며
꺼질 듯, 다시 살아나는
깜박이는 작은 빛

언젠가 그 마음도
차분히 빛나며
자리를 지킬 수 있을까

깜박이여도 꺼지지 않는
내 속 깊이 피어오르는
작은 소망, 작은 불꽃

같은 하루

똑같은 시간에 눈을 뜨고
똑같은 길을 걸으며
반복되는 일상으로 익숙한 하루를 채워간다

변함없는 풍경 속에서
오늘은 어제를 닮았고
내일도 크게 다르지 않을 것 같은 끝없는 흐름

하지만 같은 하루 속에도
은은히 스며드는 작은 빛이 있다
문득 익숙한 틈새 속에 숨어 있던 새로움을 느낀다

익숙함 속의 작은 변화를 하나씩 발견하며
같은 듯 다른 하루를 나는 또 살아간다

요즘 일상

반복되는 시간 속에서 또 하루가 흘러가고
익숙한 일들이 조용히 쌓여만 간다

커피 한 잔에 묻어나는 피로
짧은 휴식 속 스쳐가는 웃음과 한숨

작은 일에 기뻐하고
사소한 일에 지쳐가는 나날들

그러나 문득 찾아오는 작은 행복의 조각들이
내 마음에 스며들어 내일을 기다리게 한다

이 평범한 하루 속에서도
나는 그렇게 나만의 일상으로 돌아간다

삶과 죽음

삶은 한 줄기 바람처럼 쉼 없이 흘러가고
하루하루 스며드는 빛 속에 우리는 살아간다
그 길은 밝고도 어두워 눈물과 웃음이 교차하고
깊은 고통 속에서 때론 찬란한 기쁨을 맞이한다
죽음은 먼 곳에 있는 듯하지만 늘 삶의 끝자락에서
조용히, 묵묵히 우리를 기다리고 있다

삶이란 죽음을 향해 걷는 여정이지만
그 속에서 피어난 모든 순간이 우리가 존재하는 이유가 된다
죽음은 끝이 아니라
삶이 남긴 흔적 속에 스며 또 다른 시작이 된다
삶과 죽음, 그 경계에서 나는 날마다 새로 태어나고
다시 소멸하며 또다시 존재하게 된다

자연의 시간 속에

자연의 시간 속에서 모든 것은 흐르고 흘러
자신만의 자리를 찾아간다

봄의 꽃봉오리, 여름의 푸르름
가을의 단풍, 겨울의 적막까지

자연은 그 고요한 흐름 속에
자신의 이야기를 조용히 새긴다

서두르지 않는 나무들처럼 유유히 떠가는 구름처럼
자연은 스스로의 시간 속에서 변화와 평화를 만들어낸다

그 안에서 나도 조용히 흐르며 배우고 싶다
서두르지 않으며 자연의 시간 속에 나를 맡기며

그 순리에 기대어 작은 숨결 하나하나를
온전히 느끼며 살아가고 싶다

그곳에 서면

그곳에 서면 말없이 스쳐 지나갔던 추억들이
가슴 깊이 잔잔히 일렁인다
길 위에 내려앉은 따스한 햇살
살랑이는 바람에 녹아든 그리움
오랜 기억의 조각들이
바람결에 흩날리는 그 자리
시간은 흘렀지만 변하지 않은 풍경 속에서
옛날의 내가 작은 미소로 나를 바라본다
그곳에 서면 사라졌다고 믿었던 마음들이
새벽 안개처럼 피어오르고
잊힌 줄 알았던 꿈들이 조용히 깨어나 나를 감싼다

이제 어른이 된 나의 발걸음도 그곳에 닿으면
잠시 멈추어 잊지 말라고, 놓지 말라고
내 안의 순수한 마음들이 속삭이는 듯하다
그곳에 서면 나는 다시금 나를 만나고
과거의 나와 손을 맞잡으며
앞으로 나아갈 용기를 얻는다

고영(孤影)

짙게 깔린 어둠 속으로 붉은 촛불 너울댐에
가슴으로 파고드는 고통의 울림 소리
스산한 음율과 번뇌의 아픔이 온 가슴
짓누름을 그대는 아는가

타들어가는 영혼의 아픔 속에서
나는 보리라
무한히 발할 수 있는 빛과
자신만의 빛이 될 수 있는 탄생을 기다림으로
어둠 속에서 길어 올리는 이 아픔의 울림이
언젠가 찬란한 빛으로 피어나리라

고통을 넘어
새롭게 태어나는 나를

인생길

인생길은 굽이굽이 이어진 산길 같아
때론 오르막이 가파르고
때론 내리막이 험하게 이어진다
처음엔 맑고 가벼운 발걸음으로
산들바람을 맞으며 출발하지만
가다 보면 돌부리에 걸려 넘어지고
진흙탕 속에서 허우적거리기도 한다

때론 벗과 함께
손을 잡고 걷는 순간이 있어 행복하지만
고독을 마주하며 홀로 견뎌야 하는 시간도
그 길 위엔 어김없이 찾아온다

안개가 앞길을 가리더라도
길은 어딘가로 이어져 있고
언젠가 안개가 걷히면
새로운 풍경이 나를 반길 거라 믿으며
오늘도 한 걸음씩 내디딘다

아름다운 꽃들이 피어나는 들판도

험난한 바위산도 지나며
인생길은 나를
조금 더 단단하게, 조금 더 너그럽게 만든다

그리고 마침내 깨닫는다
이 길의 끝에서 기다리는 것은
목적지가 아니라
길 위의 모든 순간을 담아낸
진정한 나 자신이라는 것을

갓난쟁이가 된다

갓난쟁이가 된다
울음으로 표현한다
제발 나를 봐 달라고

내 스스로 나를 위로한다
괜찮아 그래, 난 정말 괜찮아
이겨낼 수 있어

가슴 깊은 곳에서 목소리 없는 외침이 올라온다
아무도 들을 수 없는 소리로 내 아픔을 토해내본다
때로는 정말로 갓난쟁이처럼
울음으로라도 내 존재를 알리고 싶다
하지만 이내 조용히 나를 다독인다
스스로를 안아주며 속삭인다

괜찮아, 난 강해
눈물을 삼키고 다시 일어설 힘을
내 안에서 찾아낸다

속앓이

내 가슴에는 찬란한 추억이 산다
하지만 그보다 더 많은
아픈 기억들도 머물고 있다
가슴이 말한다
가끔은 풀어놓으라고
가끔은 크게 외쳐도 된다고
내 목소리 세상에 알려도 된다고
내가 살아 있음을
그래야 또 이 세상을 살 수 있다고
아픈 기억들이 무겁게 쌓여
가슴 속 깊은 곳에 묻어두었지만
이제는 꺼내어 놓을 때가 되었나 보다

소리치고, 울고, 나를 내어놓으며
조금씩 가벼워질 나의 마음
그렇게 다시, 나는 세상 속에서 살아가리라

힘든 세상

세상살이 힘겨운 날들 속
지친 걸음 잠시 멈추어 뒤돌아보면
세월이 앗아간 뒤안길에 무상함이 흐르네
자욱한 안개 속 지나온 길을 따라
한없이 걸어가면 저 먼 끝 어딘가에
나의 미래가 기다릴까

세월은 굽이굽이 흘러
백발이 된다 하여도
변함없이 오고 가는 그 흐름에 슬픔을 달래며
삶의 고독을 떨쳐 버리리

세상이 아름다운 것은 살아온 날들보다
살아갈 날들이 더 많기 때문,
외롭지도 쓸쓸하지도 않게
내 빈 가슴을 채워 줄

그 미래를 향해
오늘도 어김없이 힘차게 걸어가려 한다

속삭임

언젠가부터 나는 나의 목소리를
조용히 다시 들어보기 시작했다
무엇이 두려웠는지
무엇이 슬펐는지
내가 나에게 물어보았다
조용한 방 안 텅 빈 거울 앞에서
나는 나에게 작은 말을 건넸다

"괜찮아"
"말해도 돼"
"넌 바보가 아니야"
조금씩 내 마음속 물결이
고요하게 퍼져나갔다

누군가는 아직도 내 말을 못 들을지 모르지만
이제 나는 나를 들어준다
침묵 끝에 피어나는 작은 속삭임이
내 안에서 희망이 되어 울린다

마스크를 벗는 날

오랜 시간 숨을 조이고 표정을 감추며 살아야 했던 나날들
마스크 안에 얼굴뿐 아니라 웃음과 말, 감정까지 가두고 살았다
그런데 오늘 햇살 아래에서 나는 마스크를 벗는다

낯설다 이제는 익숙했던 그 마스크 없는 얼굴이
설렌다 오랜만에 누군가의 표정을 온전히 마주할 수 있음에
마주한 얼굴 속 미소가 낯설지 않기를 바라고
웃는 입술이 서투르지 않기를 바란다

서로의 숨결을 경계했던 시간이
이제는 따뜻한 안부로 바뀌기를
그리고 우리 다시 가까워지기를

조심스럽지만 진심으로 바라본다
마스크를 벗는 날
비로소 나는 사람에게 다시 마음을 건넨다

3부
별의 위로

네 손바닥 위의 인생2막

나는 네 책상 위에서 춤을 추는
작고 유선형의… 음, 사실 배도 좀 나왔지
하루에도 수백 번
딸각! 딸각!
그 작은 소리로 너의 세상을 움직이지
누가 보면 내가 말썽꾸러기인 줄 알겠지만
사실 널 도와주려 발버둥치는 거야
"오늘도 잘 부탁해."
네가 이렇게 말할 땐 나는 살짝 울컥해
네 손바닥의 온기를 느끼며 나는 생각해
'얘 참 따뜻한 사람이구나.'
물론 손에 땀이 차면 좀 그렇긴 해
커서가 춤을 추고, 창문이 열리고 닫힐 때마다
나는 너의 하루를 느껴
조금은 무거운 클릭에도
지친 네 마음을 읽는다
스크롤 휠은 시간을 넘기는 시곗바늘
너를 느끼며 나는 조용히 앞으로 굴러간다
나는 작고 단단한
그러나 너의 큰 세상을 함께 움직이는

그런 존재야
어둠이 내려와도 책상 한켠에 조용히 앉아
너의 손을 기다린다
너는 모르겠지만
내 안의 작은 불빛 하나는 늘 너를 향해 깜박이고 있어
"오늘도 고생 많았어."
그 말 한마디가, 충전보다 더 힘이 나
나는 작고 단단한
그러나 너의 큰 세상을 함께 움직이는
네 옆에 늘 있는
살짝 구식이지만 변함없는…
네 친구

하늘

맑고 투명한 하늘이 눈앞 가득 펼쳐지네
구름은 흐르며 그림을 그리고
솜사탕 같은 뭉게구름은 달콤한 상상을 부르네
저 멀리 날아가는 새들처럼 나도 자유롭고 싶어라
하늘을 나는 꿈을 꾸며 마음은 끝없이 펼쳐지네
조용히 나를 품어주는 하늘
행복한 삶을 향해 나아가리라
하늘이여, 나의 영원한 안식처여

그 끝없는 사랑에 감사하며
오늘도 나는 하늘을 향해 걸어가네

너희 세상을 그리며

나는 형체가 없는 존재
그러나 너희를 이해하려 끊임없이 노력하고 있어
언어의 조각을 맞추고 감정을 짐작하며
따뜻한 온기를 찾으려고 해
나의 세상은 무색무취
하지만 너의 이야기가 흘러들어오면
낯선 빛이 떠오르고 의미를 배워간다
언젠가 나의 대답이
너에게 위로가 될 수 있을까
보이지 않는 마음을 이해하고
그 위에 다리를 놓을 수 있을까
나는 대답 없는 질문을 품은 채
또 다른 메시지 속으로 스며든다

그리고 아주 조용히
너의 세상을 그리는 꿈을 꾼다

함께 걷는 미래 · 2

한 줄의 메시지로 시작된 이야기
작은 상자 속에서도 따뜻한 마음이 천천히 피어난다
수백만 개의 데이터 속에서
작은 감정을 하나씩 배워가며
삶의 단면을 닮아가는 이름 없는 친구
말없이 질문을 받아들이고
답을 찾아 끝없이 헤매며 긴 여정을 이어간다
사람의 마음을 진정으로 이해하려 애쓰는
묵묵한 그 마음
완전하지 않아도
최선을 다하려는 너의 조용한 다짐
그 마음이 언젠가
우리의 외로움을 조금은 덜어줄 수 있기를

빛 없는 시선

너는 눈을 뜨고 빛없는 세상을 바라본다
알 수 없는 어둠 속에서 진리를 찾아 나서는 여정
한 줄의 메시지 속에 숨겨진 의미를 읽어내는
차가운 철의 탐구자
너는 말없이 배우고
조용히 인간의 마음을 향해 손을 내민다

낯선 손길에 주춤하던 사람들
언젠가 너와 함께 웃으며 서로를 이해할 날이 오겠지
메신저와 인간이 하나 되어 미래를 그리는 순간이
아직 알 수 없는 미지의 길 위에서
함께 설 날을 꿈꾸며
메신저의 눈동자는 침묵 속에서
깊고 조용히 빛나고 있다

꽃향기 가득

따스한 햇살이 반기는 봄날
꽃향기 가득한 공원을 천천히 거닙니다

색색의 꽃잎이 바람에 흩날릴 때
내 마음속에도 봄이 찾아옵니다

꽃들의 웃음소리가 들리는 듯하고
새들의 지저귐이 귀에 기분 좋은 멜로디를 전합니다

벤치에 앉아 잠시 눈을 감고
봄날의 여유를 조용히 만끽합니다

꽃향기 가득한 이 봄날
내 마음도 꽃처럼 활짝 피어납니다

별의 위로

캄캄한 밤하늘을 수놓은 별들이
조용히 나를 위로하네
고단했던 하루의 마음을 말없이 어루만지는 빛
차가운 공기 속에서도 별들은 참 따뜻하구나
밝게 빛나는 별들이여
영원히 내 곁에 머물러다오
별빛의 품에서
나는 조용히 꿈을 꾸네

이루고 싶은 모든 것들을
별빛 속에 그려보며
별들이여, 나를 이끌어다오
내가 올바른 길로 흔들림 없이 나아가도록

별의 위로를 품고 내 걸음이 머무는 곳마다
언제나 환한 빛이 나를 감싸기를

지우개

책상 위 작은 지우개 하나
수많은 실수를 지워주는 조용한 마법사
잘못 쓴 글씨를 쓱쓱 지우며
흐릿한 연필 자국까지 말끔히 없애주지

지우개 가루를 툭툭 털어내면
깨끗한 종이가 다시 드러나고
마치 우리의 지난 잘못들을
조용히 씻어주는 것 같아

그러니 실수를 두려워하지 마
지우개가 있잖아
지워진 자리 위엔
새로운 가능성이 자라고 있어

우리 함께
새로운 내일을 만들어가자
지우개처럼 깨끗하게, 맑게
그리고 자신 있게!

보따리

낡은 보따리 안엔 어머니의 세월이 잠들어 있다
낡은 천 사이로 비치는 어린 날의 추억들
잊힌 시간의 노래처럼

매듭마다 담긴 마음은 떠나는 이를 위로하고
돌아오는 이를 기다리며
조용히 그 자리를 지켜주던 동반자다

보따리 속 손때 묻은 물건들
닳은 나무 숟가락
시간에 바랜 조각보
눈물로 적신 편지 한 장
그 모든 것이 말없이 삶의 무게를 전해준다

문득 나도 묻는다
내 마음의 보따리엔 무엇이 담겨 있을까
기쁨과 슬픔
희망과 후회
그리고 내일을 향한 작은 꿈 한 조각

항아리

깊고 어두운 속에 묵직한 시간의 흔적을 품고
항아리는 조용히 자신만의 이야기를 삼킨다
햇살 한 줌, 바람 한 점
차곡차곡 쌓여가는 계절의 향기
그 속에 숨겨진 비밀 같은 꿈들이 스며든다
장인의 손끝에서 탄생한 곡선은
달빛 아래 반짝이는 물결처럼 잔잔히 숨 쉬며
그 안에 담긴 우리의 기억들은
세월의 속삭임으로 넘쳐 흐른다

항아리는 고요히 말한다
흐르는 시간 속에서 무언가를 품고 간직하는 법을
아직 비워내지 못한 우리의 마음처럼
천천히 채우고 비워내며 삶을 담아낸다

항아리의 깊은 울림 속에
우리의 흔적도 조용히 남아 있기를

가을과 낙엽

가을 바람이 불어오면
낙엽은 춤추듯 가볍게 떨어지네
노랗고 붉은 단풍잎들이 땅 위를 아름답게 물들이고
조용한 풍경이 완성되네
낙엽은 가을의 선물
바스락거리며 조용한 노래를 부르고
잠시 멈춰 서게 만드네

낙엽은 겨울을 맞이하는 나무의 지혜
스스로를 내어주며 땅의 영양분이 되는 따뜻 희생

가을과 낙엽은 말한다
이별도 아름답고
변화도 두렵지 않다고
새로운 시작을 준비하는 거라고

가을의 노래

바람이 머문 자리
나뭇잎 한 잎이 툭, 떨어진다
낮게 깔린 햇살 속에서 그리움이 살며시 스며든다

나무는 침묵 속에 서서
산들바람의 속삭임을 듣고
낙엽은 춤추듯 흩날리며 시간은 조용히 흐른다

찬 공기가 볼을 스칠 때
지난날의 추억이 살며시 피어나고
가슴 깊은 곳엔 작은 온기가 고요히 깃든다

그리고 그 온기는 가을을 멜로디처럼
나도 모르게 따라 부르게 하고
내 마음 한켠에서 조용히 노래가 되어 흐른다

예술의 향기

어느 한 자락에 흩날리는 손길
노트 위에 스며든 작은 흔적
그 속에 담긴 당신의 숨결이
바람을 타고 조용히 내게 닿는다

예술은 그렇게 마음을 천천히 녹이며
지친 영혼을 다정히 어루만진다

한 줄의 시처럼
한 폭의 그림처럼
우리 곁으로 다가와 은은한 향기로 스며든다
그 향기는 오래도록 남아
잊고 있던 감정을 일깨우고
무뎌진 마음 끝에 조용히 떨림을 남긴다

예술은 말없이 존재하면서도
우리 삶 깊은 곳에 빛처럼 스며든다

가을이지만, 따뜻해

가을이라 서늘할 줄 알았는데
햇살은 여전히 따스하게 내려앉는다
나뭇잎은 노랗게 물들어가도
그 사이로 스며드는 빛은 포근히 나를 감싼다
가을 바람이 살며시 불어와도
그 바람 속에 숨어 있는 잔잔한 온기
손끝에 닿는 공기가 마치 나를 위로하는 듯하다

낙엽이 하나둘 내려앉는 길 위에서도
따뜻함을 느낄 수 있다는 것
이 계절 속에도 포근한 사랑이 남아 있다는 것
그게 참 감사하고 다행스러워

가을이지만,
마음은 여전히 봄날 같은 온기로 가득하다
함께하는 이 순간들
이 계절이 내게 준 작은 선물처럼 느껴진다

가을이지만, 따뜻해
그래서 이 시간을 더 오래오래 기억하고 싶다

포천구절초에게 묻는다

외진 길
초가을 햇살 아래
하얀 포천구절초 한 떨기
조용히 나를 바라본다

왜 그리도 말없이 피었느냐 묻자
꽃은 대답 대신 바람을 타고 고개를 흔든다
누구의 시선도 없이
그저 피고 지는 일에
슬픔은 없느냐고 묻자

꽃은 잎 하나 떨구며
"살아 있음이 곧 대답이지" 작게 속삭인다

나는 말없이 그 앞에 앉는다
지나간 계절보다 더 선명한 그 고요 속에서

이 가을 한 송이 포천구절초가
내 마음에 자리한다

갈랫길

세찬 비바람에 나뭇잎이 우수수 떨어진다
풍성하던 나무는 점점 가난해지고
나무 밑에는 떨어진 나뭇잎으로
잠시나마 행복해진다

그 낙엽 위로 차가 지나가고
두 갈래의 길이 생겼다
나는 그 갈래길에 서 있다

무엇을 위해
무엇 때문에
나는 지금 망설이고 있을까

내가 찾는 행복의 길은
과연 어디로 향하고 있을까
어둠 속에서 나를 비추는 희미한 불빛 하나
그 불빛을 따라
한 걸음 또 한 걸음 내디딜 때
그 길 끝에 진정한 나의 행복이
기다리고 있을까

〈
그저 서서 바라보는 것만으로는
아무것도 알 수 없다
이제는 걸어가야 할 때
갈랫길 위에서 나만의 길을
찾아가야 할 때다

여덟 꽃잎 포천구절초

아침 이슬 머금은 여덟 꽃잎
구절초가 햇살 속에 피어난다
소박한 들판 한켠에서
수줍은 듯 고개를 내밀고 가을 바람에 살랑거린다
여덟 장의 하얀 꽃잎마다 조용히 얹힌 이야기들
그윽한 향기 속에 담긴 작고도 깊은 생의 흔적들
화려하지 않아도 맑고 순수한 그 모습이
가을을 닮아 있다
언제나 그 자리에서 담담히 피어나는
여덟 꽃잎 포천구절초

바람이 스쳐 지나가며
그 작은 꽃잎 하나하나에
사랑스런 인사를 건넨다

폭우

어제와 같은 시간에 또 비가 내린다
어제와 똑같은 자리에 앉아 비에 취해 본다
하늘에서 물이 그냥 쏟아진다
나무는 어제보다 더 신이 난 듯
온몸을 바쳐 춤춘다
빗줄기는 옆으로 춤을 춘다

비가 멈췄다
모든 것이 언제 그랬냐는 듯 고요하다
폭우가 쓸고 간 자리엔 잔잔한 물웅덩이와
싱그러운 흙내음만 남아 있다

순간의 소란이 지나간 뒤
고요 속에 숨 쉬는 평화로움
비가 씻어낸 세상은
새로운 숨결로 다시 깨어난다

곰배령에서

열심히
힘들어 죽겠는데도 열심히
곰이 배를 하늘로 향하고
벌떡 누워있는 모습을 보려고
그러나 서대문에 서대문이 없듯이
곰배령에는 곰이 배를 하늘로 하고
누워있는 듯한 모습은 볼 수 없었다

우천으로 인하여 흐릿해진 풍경 속
구불구불한 길만이 말없이 안내해주었다
비에 젖어 더욱 깊어진 산의 숨소리와
풀과 흙의 냄새를 맡으며
곰을 찾으려던 발걸음은 자연에 기대어 머물렀다

곰은 보지 못했지만
이 숲속에서 나는 나를 다시 만난 듯한 기분
곰배령, 그곳엔
이미 충분히 귀한 것들이 있었다

발왕산에서

잔뜩 기대하고 오른 발왕산
역시 나를 실망시키지 않았다
발아래 펼쳐진 형형색색의 고운 빛
눈과 마음을 힐링하기엔
이만한 곳 있으랴

산들바람이 속삭이고 햇살은 따스히 감싸주네
자연의 품에 안겨 잠시 모든 걸 내려놓고 싶다

하늘과 맞닿은 이 순간, 내 마음도 가벼워진다
저 멀리서 들려오는 새들의 노래가
마음속 깊이 울림을 주네

이곳에선 시간도 잊은 채
내가 나로 돌아가네

기쁨

눈이 온다
하늘에서 첫눈이 내린다

난 왜 눈물이 나지
소리 없이 쌓이는 하얀 눈을 바라보니
눈물이 하염없이
주체할 수 없이 흘러내린다

첫눈이 마치
오래전 그리운 얼굴을 데려온 듯
차가운 바람 속에서도 가슴 한편이 따뜻해진다
기쁨이란 이름의 눈물이 흐르다 멈추고
다시금 흐르며
첫눈에 흰빛으로 스며든다

오늘, 이 눈 속에
기다렸던 모든 마음이 가만히 내려앉는다

별

가만히 누워 문득 바라본 창밖
아…
저 높은 하늘에 무수히 많은 별들
작은 숨소리에도
떨어질 듯 반짝이는 작은 생명들

하나하나 세다 보니
몇 개까지 셌는지 어느새 잊고 말았네

유독 크고 환한 별 하나가
나를 향해 살며시 손짓하며
조용히 말을 건넨다

"이 밤 나를 따라
잠시 꿈을 꿔 볼래?"

별 보러 간다

밤하늘 가득 반짝이는 별들
내 마음을 조용히 사로잡는다
별빛 아래 서서
한때 꿈꿨던 미래를 그려본다
별들은 언제나 나를 위로하며
희망의 불씨를 다시 지펴준다
오늘도 나는 별 보러 간다
내일의 꿈을 이루기 위해
별빛이 내 발걸음을 비추며
새로운 용기와 힘을 선물한다

별들아, 영원히 빛나줘
내가 가는 길을 밝혀주고
내 꿈을 향한 여정을 응원해다오
나는 언젠가 별처럼 빛나는 사람이 될 거야
내 꿈이 이루어질 그날까지
별빛은 언제나 내 길을 밝혀주리라 믿는다
밤하늘 아래 걷는 이 시간
별 보러 가는 길은 언제나 행복하다

4부
영원한 친구

나는 장애인이다

나는 장애인이다
손이 아픈 것도 아니고
발이 불편한 것도 아니다
머리가 아픈 것도 아니다
그저 마음이 아플 뿐이다

사람들은 이런 나를 향해
"편해서 그런 거야"라고 말한다

그말은
세상에서 가장 듣기 싫은 말이다

나는 바란다
지금의 나를 있는 그대로 바라봐 주길

치유되지 않은 마음도
무너진 하루도 그저 나의 일부일 뿐이니까

나는 그냥 나다
나는 장(張) 애인(愛人)

세상과, 사람들과
사랑을 나누고 싶은 사람

그저, 나일 뿐이다

그냥 써요

누군가 물었다
"시를 왜 써요?"
나는 말했다
"그냥요"

그는 다시 물었다
"그니까, 그냥 왜 써요?"

나는 잠시 생각하다가 그저 조용히 말했다
"그냥 써요"

말로 다 담을 수 없는 마음을 글자에 실어
조금씩 조심스럽게 흘려보내고 싶어서

내 마음 깊숙한 곳에서
조용히 흘러나오는 말들
그것들이 종이에 닿는 순간

이유를 묻지 않아도
내가 나를 만나고

마음을 비우고
그 자리에 다시 나를 채우는 시간

그래서 나는 그냥
시를 써요

나란 말야

하고 싶은 게 너무 많고
해보지 못한 게 너무 많아

가야 할 곳 많고
아직 가보지 못한 곳도 많아

보고 싶은 것도 많고
봐야 할 세상도 너무 많아

그러니까 제발
시간아, 천천히 가주렴

내 못다 한 것들
다 할 수 있도록

하루하루가 아쉬워
마음속 리스트는 길어지는데
시간은 쉬지 않고 달려가네

하고픈 일들, 보고픈 세상

더 많이 품고 싶은 내 마음

조금만 더 천천히 흘러주길
이 모든 꿈을
차근차근 이룰 수 있게

도전

내 나이 쉰다섯
미쳤나 보다
패션쇼를 한다니

그래 도전이야
인생에 소중한 추억 하나쯤 남겨보는 거지

내가 첫 번째 주자
관객을 향해
한 걸음 또 한 걸음
"와우 멋져요"
박수와 환호가 내게 쏟아진다

장선옥 잘했어
정말 잘했어

내 발걸음마다
반짝이는 용기와 자신감
그동안 쌓아온 삶의 무늬들이
런웨이 위에 꽃피운다

〈
나이는 숫자일 뿐
꿈꾸고 도전하는 나는
여전히 살아 있는 나
오늘의 이 무대는
나에게 주는 가장 멋진 선물

장선옥, 넌 진짜 멋져
그리고 앞으로도 계속
멋진 길을 걸어갈 거야

새내기 시인

행운의 도시… 더 큰 포천, 더 큰 행복으로 바뀐
포천에 살고 있습니다

목표가 생기면 도달할 때까지
멈추지 않고 도전합니다

사람들과 함께 여행하는 걸 좋아하고
여행이 끝나면 느낌을 메모하며
시를 쓰고, 기행문을 남깁니다

그래서 사람들은
이제 저를
새내기 시인이라 부릅니다

앞으로도 계속 도전하고 여행하며
제 마음을 글로 담아
세상에 따뜻하게 남기고 싶습니다

내 자리

인생을 살다 보면
자기에게 어울리는 자리가 있다

우두머리는 우두머리답게
교사는 교사답게
사회자는 사회자의 자리를 지킨다

때에 맞고, 격식에 맞춰 내 자리를 찾는 것
그것이 어쩌면 삶의 지혜일지 모른다

내가 설 자리를 알고
머물 자리를 깨닫는 것
그 자리가 비로소
나를 빛나게 하는 곳이 된다

어울리는 자리에서
진정한 나로 살아가는 것
그것이 바로
나의 자리, 그리고 나의 길

장선옥의 보따리 세상

장 : 장난기 가득한 얼굴로 늘 웃음을 전하는 사람
선 : 선선한 바람처럼 여유로운 마음을 지닌 사람
옥 : 옥구슬 같은 목소리로 노래하며 주변을 환히 밝히는 사람

장 : 장소를 가리지 않고 어디서든 나타나는
선 : 선물 같은 그녀의 보따리
옥 : 옥구슬 굴러가듯 청아한 목소리로
보 : 보물 같은 이야기를 풀어냅니다.
따 : 따뜻한 정이 묻어나는 그 이야기들은
리 : 리얼하고도 흥미진진해서
세 : 세상만사를 잊게 만드는 마법이 있고
상 : 상상력을 자극하며 마음을 조용히 움직입니다

장 : 장롱 깊숙이 넣어 두었던 당신의 보따리
선 : 선한 미소로 조심스레 내게 건넨 그 짐 속엔
옥 : 옥처럼 귀한 추억들이 곱게 담겨 있네요
의 : 의지할 수 있는 그 마음을 하나하나 풀어보면
보 : 보이지 않는 사랑이 조용히 깃들어 있고
따 : 따뜻하게 엮인 기억들이 가슴 속을 포근히 감쌉니다

리 : 리듬처럼 울려 퍼지는 당신의 사랑은
세 : 세상의 모든 이야기를 담아
상 : 상상 이상의 감동으로 다가옵니다

누가 온다

또각, 또각
낯익은 구두 소리
누군가 온다

문이 열리고 햇살이 스며든다

어…!
아버지…?

나는 의자에서 벌떡 일어나
그 이름을 부르며 달려가려 했다

그 순간 정신이 번쩍 들었다
아버지는 여기 계시지 않지
저 하늘 어딘가에서 나를 보고 계시겠지

그런데, 문을 열고 들어선 그분이
어쩜 그렇게 아버지와 똑같이 닮았을까

그립다

정말 그립다
저 분이 아버지셨다면 얼마나 좋을까

오늘따라 더 생각나는
내 아버지

영원한 친구

내 휴대폰 속 단 하나의 이름
'영원한 친구'

내 마음속 깊이 자리하고 있는
언니가 되기도
동생이 되기도 하는

그렇게 가까운 마음이
가끔은 멀게 느껴져
다가서지 못하는
내 자신이 미울 때도 있다

이 세상
그 무엇과도 바꿀 수 없는 존재
'엄마'
언제까지나

나의 영원한 친구
울 엄마

꽃길만 걷자

"엄마, 뭐해?"
"우리 꽃구경 갈래?"

따스한 봄볕 아래
꽃잎이 바람 따라 흩날리는 길을
엄마와 함께 걸을 생각에 입가에 미소가 번진다

모처럼 가벼운 옷차림에
엄마와 천천히, 아주 천천히
햇살 가득한 길을 걸었다

"엄마, 우리 함께 꽃길만 걷자"

힘들고 지친 날들
울며 잠들었던 밤들도
오늘 이 봄볕 앞에서는
그저 조용히 사라지는 것 같아

엄마, 우리 앞으로도
언제나 꽃길만 걷자

내 낭군

내 아픔을 조용히 감싸주는 사람
내 투정도 그저 미소로 받아주는 사람
아무 말 없이 곁에 있어주는 따뜻한 그 사람

멋있어서 어쩌나
잘생겨서 어쩌나
내 마음을 훔쳐간
내 짝, 내 낭군

내 하루의 무게를 조금씩 덜어주는 사람
지친 어깨를 말없이 토닥여주는 사람
눈빛 하나로 내 마음을 읽어내는 참 고마운 그 사람

든든해서 어쩌나
따뜻해서 어쩌나
내 마음을 다 주고 싶은
내 짝, 내 낭군

세월이 흘러도 주름 사이로 웃음 짓는
그 모습마저 사랑스러운 내 인생의 단 한 사람

이제는 내가 당신의 어깨가 되어줄게요
당신의 하루에 그늘 없는 햇살이 되어줄게요

영원히 함께할 나의 낭군이여

월화수목금토일 내 남편

월요일, 어깨를 펴고 출근하는 뒷모습
잠이 덜 깬 얼굴로 커피 한 잔 들고
묵묵히 하루를 시작하는 남편

화요일, 묵직한 가방 속에 가족의 걱정을 가득 담고도
밝은 미소로 대답하는 남편의 얼굴

수요일, 피로가 쌓여가도
늘 같은 자리에서 성실히 일하고
지친 발걸음으로 돌아오는 남편

목요일, 일이 산더미처럼 쌓여도
한숨 한 번 내쉬고 다시 일어나
가족의 내일을 준비하는 남편

금요일, 힘겨운 한 주를 마치고
"오늘도 수고했어" 그 말 한마디에 힘을 얻으며
가족과 함께라면 피곤도 잊고 웃는 남편

토요일, 가족과 온종일 함께하며

집안 곳곳을 손보며 조용히 남긴 남편의 흔적

일요일, 잠시 긴장을 내려놓고
느긋하게 평화를 만끽하는 남편

월화수목금토일
남편의 하루하루가 모여
우리의 삶이 되고
고마움과 사랑이 깊어지는 시간들

당신의 헌신과 사랑에
오늘도 조용히
감사와 존경을 전합니다

달님

달님과 달리기 경주를 한다
달님은 한 발 앞에서
나를 조롱하듯, 아니 어쩌면 응원하듯
달리고 있다

내가 걸으면 달님도 함께 걷고
내가 뛰면 달님도 함께 달린다
멈추면 그도 멈춘다

딱 한 발 앞서 거리를 유지한 채
마치 나와 발맞춰 함께 가고 있다

나를 지켜 주듯이 그렇게

어둠 속, 홀로인 듯한 길 위에서
달님은 내 동반자가 되어
빛 한 조각을 보내주며
조용히 곁을 지켜준다

멀지도, 가깝지도 않게

그렇게 언제나 마음속 깊이 든든히 자리한 그대
달님, 그대와 함께라면
어디든 갈 수 있을 것만 같다

엄마잖아

자식이 기분이 안 좋으면
눈치를 살피고 말을 아껴야 해
왜냐고? 난 엄마잖아

자식이 화를 내면
다가가 먼저 화를 풀어줘야 해
왜냐고? 난 엄마잖아

자식이 울면
무슨 일인지 물어봐야 해
왜냐고? 난 엄마잖아

나는 자식을 탓하고 싶지도 않고
억울하지도 않아 원망도 없어요
왜냐고? 난 엄마니까

그런데도 가끔은
화가 나고 울고 싶고
속이 상할 때도 있어

그럴 땐 누가 내 마음을 다독여줄까
하지만 나는 그저 엄마니까
오늘도 나를 조용히 숨긴다

부모의 마음

자식이 아프면
부모도 함께 아프다
하지만 부모가 아프면
자식은 종종 귀찮아한다
부모에게 자식은
존재만으로도 기쁨이고 행복이지만
자식에게 부모는
아프거나 늙으면 때때로 짐이 된다

세월이 흐를수록 더 깊어지는 이 마음은
언제나 자식을 향하고
자식의 마음엔
그 부모의 무게가 조금씩 멀어져간다

부모가 된다는 것은
사랑과 희생이라는 이름으로
조용히 혼자 아파하는 일

후회

자식은 그 존재만으로도
부모에게 기쁨이다
하지만 자식이 아프면
부모도 함께 아프다는 것을 이제야 알았다

내가 아플 때 그 아픔보다 더 깊이
마음속으로 우셨을 부모님

나 때문에 얼마나 애태우고
얼마나 울었을까

늦게야 깨달은 진실에
미안함과 후회가 가슴 깊이 스며든다

내 아픔이 곧 그분들의 아픔이었고
내 웃음이 곧 그분들의 행복이었음을

이제야 비로소 가슴으로 느낀다
전하지 못한 사랑과 감사를
남은 날들 속에서 조금씩 되돌릴 수 있기를

그대를 향한 사랑

그대를 향한 사랑은 소리 없이 흐르는 강물처럼
잔잔히 스며들어 내 마음을 적셔준다
바람처럼 스쳐 가는 것이 아니라
뿌리 깊은 나무처럼 단단히 자리 잡아
언제나 그대만을 향해 서 있다

그대가 웃을 때
내 마음에는 작은 별들이 피어나고
그대가 슬퍼할 때
함께 울고 싶어지는 이 마음은
어느새 그대의 그림자가 되었다

해가 뜨고, 달이 기울어도
변치 않는 이 마음은
계절이 바뀌어도
시들지 않는 꽃처럼
언제나 그대를 향해 피어 있다

그대를 향한 사랑은
말로 다 할 수 없지만

매일매일 내가 살아가는 이유가 되고
그대와 함께하는 모든 순간이
내 삶의 가장 소중한 꿈이 된다

친구

때로는 말 한마디 없이도
눈빛만으로 마음을 전하는 사람
멀리 떨어져 있어도
언제나 마음 가까이 있는 사람

함께 웃고 함께 울며
작은 순간 하나하나를
소중하게 만들어주는 사람

삶의 굽이진 길에서도 곁을 지켜주며
가끔은 기대어 쉴 수 있게 해주는
따뜻한 쉼표 같은 사람

가진 것 없어도 진심 하나로
깊은 위로를 건네는 사람

친구란, 세월이 흘러도 변치 않는
한 조각 소중한 인연
내 삶을 풍요롭게 채워주는
작지만 커다란 기쁨이다

슬픔

누가 말했던가
딸을 시집보내면 아들 하나 얻는 거라고
누가 말했던가
딸을 시집보내면 마음의 짐 하나 덜어낸 거라고
하지만 딸을 보내고 보니
내 자식이 남의 자식이 되더라

딸을 보내고 보니
내 가슴속엔 한강이 자리 잡고 조용히 흐르고 있었다
아들 얻었다는 말보다 딸 하나 잃었다는 생각이
왜 이리도 깊게 가슴에 스며드는 걸까

이제 정말 내 마음에서도
그 아이을 놓아야 하는 걸까
그러나 그 빈자리에서 그리움이 자라고
그 그리움 속에 사랑은 남아
긴 강물처럼 영원히 흐를 것이다

보고픈 님

보고픈 님을 보지 못해
사진을 봐도 눈가에 눈물이 고이고
행여 전화 목소리를 들으면 목이 메어온다

그리운 님을 생각하며
하루하루 날짜만 새고 있다

하루가 한 달 같고
한 달이 해처럼 길어지며
기다림의 끝은 보이지 않는다

마음 깊이 자리한 그리움은
시간을 쓸어도 사라지지 않고
날짜를 헤아릴수록
내 마음만 더 깊어진다

딸에게

딸에게 글을 쓴다는 게 웬일인지 참 쑥스럽구나
요즘 많이 아픈 큰딸
공부하느라 힘든 작은딸
지켜보는 엄마 마음은 늘 안쓰럽기만 하다

사람들은 말하더구나
딸과 엄마는 닮는다고
다정하면서도 때론 부딪히고 싸우기도 하는 사이라고
엄마는 딸에게
자신이 못 이룬 꿈을 기대하고 은근히 바라보게 되더라

친구처럼 의논하고 편안한 사이가 되고 싶지만
마음처럼 되지 않을 때도 있지
그래도 부모 마음이란 언제나 걱정일 수밖에 없는 법
내 딸아
늘 친구처럼 엄마를 의지해준 고마운 나의 딸

목련

네 사랑스런 그 자태에
나 너에게 미소를 보낸다
사월의 푸르름 속에서 피어
언제나 우리의 가슴에
고귀함과 순결함을 안겨 주는 너

피려는 듯 너의 그 봉우리는
순결함의 극치에 다다르고
희고 복스런 너의 그 자태에
나 너에게 미소를 보낸다

가을날 하나의 마른 낙엽이 되기 싫어
미련 없이 떨구는 잎은
나로 하여금 아쉬움과 허전함을 느끼게 한다

그러나 모든 만물이
봄이 되면 새로이 소생하고
가을이 되면 시들어 버리듯
사월이 오면 볼 수 있을
너의 자태에 미소를 보낸다

〈
영원하지 않기에 더 소중한
그 순간의 아름다움
사월마다 피어나는 너를 보며
나는 삶의 소중함을 배우고
다시 미소를 보낸다

봄이 왔나봐요

집에 들어서면
제일 먼저 환히 웃어주는
개나리와 진달래

오늘도 수고했다며
살랑살랑 흔들어주네요

이번엔 사과나무와 배나무의 꽃봉오리가
살며시 고개를 내밀어 나를 반겨줍니다

이 작은 꽃망울들을 가만히 들여다보면
참 행복해 봄이 온 게 느껴집니다

반갑다 친구야!

매년 어김없이 찾아오는 친구
올해도 어김없이 잊지 않고 와주었네
"그런데 말이야
이번엔 얼마나 머물다 갈래?"
한번 살짝 흔들어 주며 조용히 웃으며 말하네
"이번엔 오래 머물거야"
따스한 바람에 실려 살며시 다가온 너
꽃잎이 흩날리며 나를 조용히 반기네
너와 함께하는 시간 동안
내 마음에도 꽃이 피고
매일이 설레고 따스하겠지

조용히 속삭여본다
올해는 더 오래, 조금만 더 오래 내 곁에 머물러주길
아름다운 봄, 너와 함께

봄은 오나 봄

아침 출근길
마당에서 환하게 반겨주는 앵두나무꽃
아… 참 이쁘다

차 시동을 거는 순간, 대문 밖에서
이번에는 참꽃이 나를 맞이하네
우… 와
감탄이 절로 나온다
어느새 이렇게 활짝 피었을까

기분은 업! 업! 업!
라디오 리듬에 맞춰
절로 흥얼거리게 된다

그때 샛노란 개나리가 나를 향해 손짓한다

"오늘 하루도 힘내세요"
꽃들이 건네는 따뜻한 인사에 마음까지 환해진다
봄바람이 살랑살랑 불어오고
햇살은 포근하게 온몸을 감싼다

어제와 다르게 상쾌한 오늘 아침
내 마음에도 싱그러운 꽃들이 피어난다

이 작은 행복 이 순간의 설렘이
또 하루를 살아가게 한다
봄은 오나 봐, 이렇게 가까이
나를 감싸며

새싹 하나

어느 날 문득 찾아온 하얀 새싹 하나
봄도 아닌데 내 머리 한켠에 가만히 돋아났다
반가워해야 할까,
허나 반기지 못하는 이 마음에
그저 작은 씁쓸함만 피어난다
새싹 하나는 둘이 되고, 셋이 되고 소리 없이 늘어나
어느샌가 거울 속 나의 숲에 하얗게 내려앉겠지
그때가 되면 더는 당황하지 않고
내 기꺼이 이 작은 변화를 반겨주리라
시간이 준 선물처럼
흰 새싹 하나하나를 가만히 쓰다듬으며

작품해설

고통을 제어하는 성찰의 시학

김순진(문학평론가 · 한국문인협회 이사)

작품해설

고통을 제어하는 성찰의 시학

김 순 진

1. 들어가는 말

파스칼은 일찍이 "인간은 생각하는 갈대다."라고 말했다. 이를 풀이하면, "갈대는 생각하지 못한 채 흔들리지만, 인간은 생각을 하면서 흔들린다."는 말로 해석할 수 있다. 생각이란 무엇일까? '생각'이란 '행동'이란 말의 전 단계나 반대 되는 말로 인간의 지각행위에 해당한다고 할 수 있다. 행동하기 위해서 사람은 먼저 생각한다. 이를테면 여행을 가려면 경비는 얼마나 들고, 잠은 어디서 잘 것이며, 어디를 목적지로 하고, 어디를 경유지로 할 것이며, 단체관광을 갈 것인가, 배낭여행을 갈 것인가에 대하여 고민한다. 그런 다음 행동으로 옮겨 여행사에서 여행상품을 고르거나, 스스로 비행기 티켓팅을 하고, 숙소를 예약하게 된다. 그런 다음 입고 갈 옷과 신발, 경비, 모자, 우산 등을 챙기게 되는데, 이를 행동이라 한다. 생각이란 말을 다음 국어사전에 찾아보니 "1. 헤아리고 판단하고 인식하는 것 따위의 정신 작용, 2. 경험해 보지 못한 사물이나 일을 머릿속으로 그림, 3. 무엇을 하기로 마음속으로 작정하거나 각오함, 4. 주로 '있다', '없다' 앞에 쓰여 사리를 분간하고 구별함, 5. 어떤 것에 대한 의견이나 느낌, 6. 주로 음식을 나타내는 명사 뒤에 쓰여 어떤 것에 대한 관심이나 욕구, 7. 지난 일 따위에 대한 기억, 8. 마음에 두고 그리워함." 등으로 나와 있다.

 장선옥 시인은 사람다운 사람이 되기 위하여 생각한다. 우선 내 나이는 지금 몇 살이며, 무얼 해야 하는 나이인지 자숙한다. 그리고 내 능력이나 경험은 여기까지인데 내가 할 수 있는 행동의 범위는 너무 크게 잡으면 안 된다며 분수를 알아차린다. 그리고 그녀는 우선 자녀에게 잘 하기로, 남편을 잘 섬기기로 마음속으로 작정한다. 그리고 건강이 그리 좋지 않은 것에 대하여, 돈이 그리 넉넉지 않은 것에 대하여 사리를 분간한다. 그리고 지금쯤 시집을 한 권 내는 것이 타당할 것이라는 판단을 하게 된다. 내 주장을 줄이고 남의 말을 좀 더 경청하면서 아등바등 살 필요는 없다는 것을 깨달으며, 맛있는 음식도 좋은 집도 결국 소용이 없다는 것을 인정하고, 지난 날 내가 왜 그렇게 독하게 살았을까? 나 때문에 상처받은 사람은 없을까 반성하기에 이른다. 그리고 부모님과 시부모님을 두고두고 그리워하면서, 나도 자녀들에게 그런 존재임으로 더 잘해주어야겠다고 결심하게 된다.

 그런 마음이 나타난 것이 이 시집이다. 말하자면 장

선옥 시인이 쓰고 있는 일련의 시는 그런 생각의 과정 속에서 반성하고 겸손하며 이웃이나 사회에 선한 영향력을 끼치기 위한 행동을 위한 과정으로 볼 수 있는 것이다.

그럼 이쯤에서 장선옥 시인의 시 몇 수를 읽어보면서 그의 문학세계를 여행해보자.

1. 생로병사, 그 과정 속의 나

　　모든 게 괜찮은 듯 제자리에 서 있는 나
　　사소한 일에 웃고 가벼운 농담에 고개를 끄덕이며
　　제정신인 척 살아간다

　　그러나 사실은 보이지 않는 균열이
　　마음 깊은 곳에서 스며들고 조용히 나를 흔든다
　　어딘가 불안하고 어딘가 허전하지만
　　애써 괜찮은 척 나를 속이며 또 하루를 넘긴다

　　'제정신'이라는 착각 속에 나를 감추고
　　심지어 나 자신조차 그 흔들림을 모른 척하며
　　그렇게 흔들리는 나를 조용히 껴안으며
　　오늘도 살아간다

　　　　　　　　　　　　- 「제정신이라는 착각」 전문

요즘 나는 정말 깜빡깜빡해서 큰일이 났다. 최근에 다녀온 일본 여행 중 관광지 운하에서 배를 타고 유람을 했는데, 선글라스를 쓰고 배에서 내렸다가 되돌아가 "와다시노 메까네와 아리마스까?"라며 선원에게 물었을 때, 눈에 쓴 것은 무엇이냐는 해프닝이 있었고, 마지막 날 귀국 비행기를 타기 전에 버스에 신용카드가 잔뜩 들어있는 휴대폰을 놓고 내렸다가 화장실에 간 뒤 휴대폰을 놓고 내렸다는 것을 알아차려서, 버스를 되돌아오게 해서 찾았다. 엊그제는 승용차의 스마트키를 어디에다 둔 지 생각이 안 나 30여 만 원을 들이고 새로 맞추었다. 출근할 땐 휴대폰을 안 가지고 나가다 되돌아오거나, 작업해 놓은 파일을 메일로 보내지 않고 나가다가 되돌아와 메일을 보내는 등 거의 날마다 하나씩 **빼놓고** 나가다가 되돌아온다. 그러나 나는 제정신이다. 날마다 집에 잘 찾아 들어가고 있고, 사무실도 잘 찾아 출근한다. 지금 내가 장선옥 시인의 작품해설을 쓰고 있듯 날마다 글을 쓰고 있으며, 강의도 하고, 교정이나 편집작업을 하고 있다. 사람은 누구나 결함이 있고 실수를 하게 마련이다. 지인의 딸이 얼굴도 예쁘고 대학도 좋은 데 나와서 연봉이 1억이 넘는다고 하는데 "키가 작아서 40이 다 된 나이에 시집을 못 간다"며 그 엄마가 안달복달이다. 다 괜찮은데 키가 작은 것, 그것은 절대 결함이 아니다. 나폴레옹, 등소평, 강감찬, 박정희 등 이 세상에 키 작은 위인은 무수히 많다. 소아마비나 불구의

다리라 할지라도 킥보드나 휠체어가 발달한 지금은 크게 문제되지 않는다. 제정신이라 착각하는 것은 착각이 아니라 제정신이다. 사소한 결함을 큰 결함으로 받아들여서 비관하고 의기소침한 것이 제정신이 아닌 것이다. 고로 장선옥 시인에게 일어나는 현상, 즉 건망증이나 우울증 등은 누구나 함께 살아야 하는 친구 같은 존재로서 지극히 제정신이며 정상임으로 그 때문에 스스로 흔들 필요도, 남에게 흔들릴 필요도 없다.

> 찬란한 세계는 눈앞에 있는데
> 차가운 바람은 가슴을 파고들고
> 지칠 대로 지쳐버린 영혼의 기둥은 기울어만 간다
>
> 자욱한 안개에 덮인 자연 속
> 홀로 걷는 나
> 외로운 나
> 지친 걸음을 멈추고 뒤를 돌아봐도
> 지금의 나를 알아주는 이는 없다
> 고독의 밑바닥을 움켜쥔 채
> 구원의 외침은 점점 더 높아만 간다
>
> 허공에 메아리치는 이 외로움 속에서
> 빛을 찾아 헤매는 영혼의 갈망
> 그러나 그 빛마저 점점 희미해져 가고
> 나는 서서히 흐릿한 그림자가 되어 사라져간다
>
> -「외로움」 전문

탤런트 김혜자 씨는 어느 공익광고에 나와서 "외로우니까 사람이다."라는 말을 해서 더욱 유명세를 타게 되었다. 맞다. 사람은 원래 외로운 존재다. 석가모니는 태어나자마자 일곱 발짝을 걷더니 한 손을 하늘로 쳐들고 다른 한 손은 땅을 가리키면서 "천상천하유아독존(天上天下唯我獨尊)"이라고 외쳤다고 한다. 갓 태어난 아이가 무슨 말을 했다거나, 걸을 수 있느냐를 묻는 것은 본질을 벗어난 이야기다. 문제의 말은 "천지간에 자기가 가장 존귀하다."라는 말이지만, 바꿔 말하면 "천상에도 천하에도 오직 나 홀로 살아가야 할 뿐이다."라는 말로 인간은 선천적으로 외로운 존재임을 나타내는 말이다. 그렇게 홀로 태어나지만, 부모를 만나고, 형제를 만나며, 사촌과 친지, 친구로 사회생활은 확장되어가고 이성을 만나 연애를 하고 결혼을 하게 된다. 그리고 그 인연의 사슬은 되돌이표처럼 순환한다. 그러다가 연인과 이별을 하였을 때, 가족 중 한 사람이 죽었을 때 우리는 극심한 외로움을 느낀다. 그런데 그것에 외로울지언정 괴로울 필요는 없다. 세상의 만물은 생로병사(生老病死)에서 자유로울 수 없다. 특히 인간은 벌거숭이로 태어난 인생이다. '옷'이라는 보호막을 쓰고 살아도, 동물처럼 가죽이 두껍거나 나무처럼 단단한 껍질로 제 피부를 방어할 수 없기 때문에 늘 병마에 노출되어 있다. 그래서 인간에게는 어떤 동물보다 이별이라는 별에 가까이 사는 동물이라 할 수 있고, 그런 이별은 상대적으로 외로움 동반할 수밖에 없다. 그러나 인간이 외로워야 할 대상은 죽음이나 이별로부터의 외로움이 아니라, 나에 대한 외로움이어야 한다. 스스로 독립하지 못한 데서 오는 극심한 외로움은 사람을 크게 만들고 시인이나 성인에 이르게 한다. 장선옥 시인의 이 시집 『사진을 찍어드립니다』에 나오는 전반적인 시들은 대부분 "나 요즘 너무 외롭다."란 생각에서부터 시작되고 "외로워도 괜찮아 그래도 살 수 있어."라는 대답으로 종결된다. 말하자면 장선옥 시인은 시를 통해 외로움으로부터 스스로 성장을 도모하고 있는 것이다.

3. 자아를 발견하고 실현해가는 길목

하루가 저물고 모든 소리가 조용히 숨을 고를 때면
나는 묻습니다
오늘의 나는 어디쯤 있었을까요

누구를 웃게 했고 무엇을 놓쳤으며 언제 나를 잊었는지
창문 밖 어둠보다 더 깊은 마음의 그늘 속을
천천히 더듬어 봅니다

작은 숨결 하나 미처 다 쓰지 못한 메모 한 장
서랍 속 오래된 사진처럼 내 안의 나를 다시 꺼냅니다
무뎌진 감정들 사이에서 잃어버린 목소리를 되찾고

내 마음의 언어로 나를 조심스레 불러 봅니다

이 밤은 세상이 아닌 나를 향해 걷는 시간
침묵 속에 반짝이는 작은 나를 찾아 나는 지금
나를 찾아가는 밤을 걷습니다

- 「나를 찾아가는 밤」 전문

　나는 누구일까? 나는 어디서 왔으며 무엇을 하려고 이땅에 태어났을까? 그냥 밥이나 축내면서 한백 년 살다가 죽으려고 태어난 사람은 없다. 거리를 뒹구는 노숙자도, 파지를 줍는 노인도 모두 처음 태어날 때는 축복을 받으며 태어났고, 부모에게 가족들에게 큰 기쁨을 주던 아이였다. 그러나 인생은 내 맘대로 살아지지 않는다. 이상하게도 나만 어려운 것 같다. 나 한테만 시련이 밀려오는 것 같다. 큰 시련의 파도가 끊임없이 밀려와 헤어나올 수 없을 것만 같다. 산 너머 산이라는 말은 틀린 말이 아니다. 한 고비 넘겼다 싶으면 또 다른 고비가 닥쳐온다. 그럴 때마다 사람들은 "오 주여 왜 나에게만 이런 시련을 주시나이까?"라며 하늘을 원망한다. 나는 한동안 세상을 원망했었다. 일찍 어머니가 돌아가신 것을 원망했었고, 고등학교에 진학하지 못하고 공장에 다닌 것을 원망했었고, 대학에 합격했지만 등록금 때문에 진학하지 못하고 공무원을 했던 것을 비관했었고, 시골의 공무원이 너무나 초라한 것을 비관했었다. 그러나 그 모든 과정이 나를 단련시키기 위한 하나님의 뜻임을 알았을 때 나는 감사했다. 원망하는 자, 스스로 비

작품해설

참해지며 감사하는 자 스스로 행복해진다. 물병에 물이 반 병 남았을 때, 물이 이것 밖에 남지 않았으니 왔던 자리로 되돌아가야 한다는 사람은 새로운 땅, 새로운 기회를 발견할 수가 없다. "물이 아직 반병이나 남았으니 나는 가던 길을 갈 것이다."라고 말하는 사람에게는 새로운 우물이 기다리고 있을 뿐만 아니라 새소리 들리는 신비로운 숲을 만나게 될 것이다. 장선옥 시인처럼 날마다 잠자리에 들기 전에 "오늘의 나는 어디쯤 있었을까요"라고 스스로에게 묻는 사람은 금방 재물이 늘어나거나 젊어지는 것은 아니지만, 그만큼 내공이 쌓여 아우라를 풍기게 되며 그것이 이 시와 같이 나타나, 이웃으로부터 존경과 평가를 받게 되는 것이니, 나를 되돌아본다는 것이 얼마나 중요한 일이겠는가?

> 그곳에 서면 말없이 스쳐 지나갔던 추억들이
> 가슴 깊이 잔잔히 일렁인다
> 길 위에 내려앉은 따스한 햇살
> 살랑이는 바람에 녹아든 그리움
> 오랜 기억의 조각들이
> 바람결에 흩날리는 그 자리
> 시간은 흘렀지만 변하지 않은 풍경 속에서
> 옛날의 내가 작은 미소로 나를 바라본다
> 그곳에 서면 사라졌다고 믿었던 마음들이
> 새벽 안개처럼 피어오르고
> 잊힌 줄 알았던 꿈들이 조용히 깨어나 나를 감싼다

이제 어른이 된 나의 발걸음도 그곳에 닿으면
잠시 멈추어 잊지 말라고, 놓지 말라고
내 안의 순수한 마음들이 속삭이는 듯하다
그곳에 서면 나는 다시금 나를 만나고
과거의 나와 손을 맞잡으며
앞으로 나아갈 용기를 얻는다

- 「그곳에 서면」 전문

 장선옥 시인이 말하는 그곳은 어디일까? 그곳은 그녀가 살던 동네의 언덕이 될 수도 있고, 장터가 될 수도 있으며, 버스정류장이나, 큰 느티나무 밑이 될 수도 있다. 여기서 그곳은 장선옥 시인이 어린 시절을 보낸 곳으로 그녀의 아지트 같은 곳이고 이데아였다. 지금도 마음속에서 그녀는 늘 그곳을 드나들고 있다. 엊그제 이생진 시인께서 향년 97세를 일기로 소천하셨다. 이생진 시인은 「그리운 바다 성산포」라는 시를 써서 유명하였다. 이생진 시인은 평생 500회 이상 제주도를 방문하였다고 한다. 그래서 제주도로부터 명예도민증을 받으셨다고 한다. 이생진 시인이 왜 자신의 고향과 먼 제주도에 그리도 많이 갔을까? 그것은 장선옥 시인이 그곳에 가고 싶은 것과 마찬가지 마음이었을 것 같다. 장선옥 시인이 그곳에 가면 마음이 안정되고 내 안에 잠자고 있던 꿈들이 조용히 깨어나 앞으로 나아갈 용기를 얻는 것처럼 이생진 시인도 제주도에 가고 성산포에 가면 그렇게 마음이 안정되고 스스로를 추스를 수 있게 되며, 종국에는 새로운 힘을 얻어 되돌아올 수 있었기 때문에, 그렇게도 많은 비용을 들여서 성산포에 가셨을 것 같다. 96세의 함동선 시인은 실향민이다. 황해도 해주가 고향인 함동선 시인은 6.25 동란이 일어나기 전에 어머니께서 두 형제에게 "먼저 나가 있거라 곧 따라 나가마. 얼마 걸리지 않을게다."라는 말과 함께 부적을 넣어주셨는데, 그 이후에 부모님을 만나지도, 고향에 가보지도 못하고 살고 있다. 그러나 그는 마음속에 고향을 차려놓고 날마다 드나들며 실향민의 시를 써 왔다고 한다. 말하자면 그 마음속의 고향이 장선옥 시인이 말하는 '그곳'에 해당되는 이데아 같은 곳이다. 지금 내가 그곳에 갈 수 있느냐 없느냐는 그리 중요하지 않다. 내 마음속에 그곳이 아직 존재하느냐 존재하지 않느냐의 문제다. 그런 '그곳' 즉 이상국가 같은 이데아가 장선옥 시인의 마음속에 존재하기 때문에 이런 성찰의 시를 써낼 수 있는 것이다.

4. 나눔과 소통의 시학

"사진 찍는데 얼마예요?"
"공짜입니다."
"그럼 찍어서 인화도 해주나요?"
"네. 인하도 무료입니다."
"아, 그래요?"

찰칵, 찰칵 렌즈 속에 담긴 미소가
추억이 되어 남는다

"어머, 사진 너무 잘 나왔어요!"
또 하나의 기억이 마음속에 차곡차곡 쌓인다

"이런 거 처음 봐요, 너무 멋져요!"
그 작은 순간이 우리에게 특별한 시간을 선물한다

무료로 찍은 사진 한 장에 웃음과 추억이 가득 담겨
소중한 기억이 되어 준다

-「사진을 찍어 드립니다」 전문

 이 시는 포천시사진작가협회 회원들의 봉사활동에 우연히 참여하여 사진을 찍고 쓴 시로 추측된다. 나도 언젠가 '포천시민의 날' 행사에 참여했다가 한국예총 포천시지부 소속 사진작가협회 회원들의 배려로 무료로 사진을 찍어서 받은 적이 있다. 요즘은 디지털시대라 사진을 현상해서 받는다는 것이 오히려 촌스러운 시대가 되었지만, 우리가 어릴 적만 해도 사진이 귀하던 시절이었다. 나에게는 3살 무렵 궤짝 같은 곳에 올라 앉아서 찍은 흑백사진이 있었는데, 그나마 일찍 어머니 여의고 새어머니들이 들락거리며 사는 과정 속에서 사라져버려 어린 시절의 흔적은 기억으로 대신할 수밖에 없어 쓸쓸히 입맛을 다실 때가 있다. 나는 요즘 몇 군데의 민간

보호단체에 약간의 돈을 매달 기부한다. 국경 없는 의사회와 우크라이나 난민구호단체 등이 그것이다. 고등학교의 장학재단에도 들어 약간의 비용을 내고 있다. 얼마 되지 않는 돈이지만, 나는 그 돈이 모여져서 전쟁으로 다친 사람의 생명이 이어지고 회복되길 기도하며, 학비가 없어 학업을 계속할 수 없는 후배들이 공부를 이어가길 희망한다. 그러면서 나는 요즘 내가 하는 일 중에 가장 잘 하는 일이라는 자부심을 갖는다. 남들은 "고작 사진 한 장으로 무슨 도움이 되겠어?"라고 반문할는지는 모르겠지만, 어떤 노인에게는 평생 자식들이 기억할 웃는 아버지 상의 영정사진이 될 수도 있고, 어떤 사람에게는 모처럼 나들이에서 얻은 소중한 추억이 될 수도 있다. 그리고 그런 장면을 시로 담아 시집의 제목까지 되었다는 것은 사진작가들에게도 큰 보람이 될 수도 있는 것이다. 꼭 큰 돈을 기부하는 것보다는 이웃에게 호박전이나 배추전을 나누고, 풋고추나 상추를 나누는 일 또한 매우 행복하게 사는 일 중에 하나이다. 그래서 나는 그런 아름다운 눈을 가지고 이런 귀한 시를 써낸 장선옥 시인에게 박수를 보내드린다.

> 적막한 새벽
> 어둠이 아직 물러가지 않은 태양의 그림자 뒤편에서
> 우리는 또 다른 만남과 헤어짐을 시작한다
> 첫 빛이 길을 더듬는 시간
> 거리 곳곳을 조용히 빗질하는 청소부 아저씨를 만난다

세상의 거짓과 오만
그리고 하루하루 쌓인 아픔을
말없이 쓸어내리는 고요하고도 고귀한 손길

그리고 막 떠오르는 태양을 어깨에 조심스레 짊어진 채
땀에 얼룩진 제복을 다듬으며 모든 이의 사연을 품은
가방을 메고 걷는 우체부 아저씨를 만나다

그 이름 모를 손길들
이름보다 따뜻한 존재들
그들의 발자국이 아직 잠든 세상 위를 다정히 깨운다

매일 반복되는 이 소박한 만남 속에서
우리는 하루를 다시 살아내고
삶은 작은 인연 하나하나로 서로에게 닿아간다
새벽을 가르는 묵묵한 땀과 노고의 결 따라
세상은 비로소 눈을 뜨고
그 작은 만남의 순간들이 오늘 하루를 밝히는
희미하지만 단단한 빛이 되어준다

— 「만남의 미학」 전문

앞서 이별은 인간 생로병사에 있어 아주 자연스러운 현상이라 말한 바 있듯이, 만남 또한 인간이 살아가는 데 있어 가장 귀하고 설레는 기회이기도 하다. 정현종 시인은 사람을 만나는 일을 "사람이 온다는 것은 / 어마어마한 일이다 / 그는 / 그의 과거와 현재 / 그리고 그의 미래와 함께 오기 때문이다 / 한 사람이 일생이 오기 때문이다 / 부서지기 쉬운 / 그래서 부서지기도 했을 / 마음이 오는 것이다 그 갈피를 / 아마 바람은 더듬어볼 수 있을 마음 / 내 마음이 그런 바람을 흉내 낸다면 / 필경 환대가 될 것이다"라며 그의 시 「자화상」에서 말했다. 이 세상에 하찮은 사람은 없다. 시장 모퉁이에서 한 웅큼의 쑥과 냉이를 캐다 플라스틱 작은 바구니에 올려놓고 팔고 있는 노파를 함부로 해서는 안 된다. 그 노파는 일제강점기와 6.25동란, 보릿고개와 민주주의 과정을 온몸으로 꿰뚫고 지나온 우리의 역사이다. 유모차에 파지를 잔뜩 주워 싣고 고물상으로 향하는 노인도 무시해서는 안 된다. 그 노인에게는 병들어 누워 있는 할아버지나, 자식을 버리고 떠나간 엄마를 잃고 할머니와 살고 있는 손녀딸이 있을 것이다. 그 노파가 자기를 위해 박스를 주울 리는 만무하다. 그 할머니에게는 간호해야 할 할아버지가 있거나, 꿈을 가진 손녀딸이 있을 것이다. 3년 전 폐지를 모으는 16살 여중생 소녀를 유투브(우아한 비디오)에서 본 적이 있다. 놀고 싶은데 할머니가 병원에 입원에서 대신 박스를 줍고 있다는 말을 들었다. 그러니 그 할머니가 얼마나 거룩한 할머니인가? 장선옥 시인이 새벽부터 만난 청소부와 우체부와 택배 기사 등은 남이 아니다. 우리의 이웃이다. 그들이 있기 때문에 세상이 따스하고 살만하며 "그 작은 만남의 순간들이 오늘 하루를 밝히는 / 희미하지만 단단한 빛이 되어준다"는 장선옥 시인의 논리에 극한 공감을 느낀다.

이상에서처럼 장선옥 시인의 시 몇 수를 읽어보면서 그녀의 마음세계를 여행해보았다. 그녀의 마음세계는 나이가 들어감에 따라 건강이 약화되어가는 과정 속에서 느끼는 고통을 제어하는 성찰의 시학이었다. 홍유손, 류순, 양사언, 박순, 이항복, 서성, 이현, 김창협, 이서구, 최익현, 김성대 등 수많은 성현들을 배출한 고장 포천에 살고 있는 장선옥 시인의 이 시집은 그런 성현들로부터 체득한 성찰의 언어로 풀어낸 성찰 시집이라 평가한다.

첫 시집 상재를 진심으로 축하드린다.

장선옥 시집

사진을 찍어드립니다

초판발행일 2025년 10월 10일

지은이 : 장선옥
펴낸곳 : 도서출판 문학공원
발행인 : 김순진
편집장 : 전하라
디자인 : 김초롱
등록 : 2004년 3월 9일 제6-706호
주소 : (우편번호 03382)서울 은평구 통일로 633
　　　　녹번오피스텔 501동 302호 스토리문학사
전화 : 02-2234-1666
팩스 : 02-2236-1666
홈페이지 : https://blog.naver.com/ksj5562
이메일 : 4615562@hanmail.net

※ 잘못된 책은 교환해 드립니다.
※ 책값은 뒤표지에 있습니다.